1/48 **1/35**

T-34 • Tomasz Janiszewski, Mariusz Łukasik
First edition • LUBLIN 2020

Photo credits/zdjęcia: **Tomasz Janiszewski, Internet**
Cover/okładka: **Arkadiusz Wróbel**
Colour profiles/sylwetki barwne: **Jacek Pasieczny**
DTP: **KAGERO STUDIO**
Translation/tłumaczenie: **Stanisław Powała-Niedźwiecki**
Proof-reading/korekta: **Stanisław Powała-Niedźwiecki**
Polish proof-reading/korekta polska: **Stanisław Powała-Niedźwiecki**

ISBN: 978-83-66148-84-0

Printed in Poland

⭐ Decals/Kalkomania

KAGERO Publishing ● e-mail: kagero@kagero.pl, marketing@kagero.pl
Editorial office, Marketing, Distribution: Oficyna Wydawnicza KAGERO,
Akacjowa 100, os. Borek – Turka, 20-258 Lublin 62, Poland, phone/fax +4881 501 21 05

www.kagero.pl ● shop.kagero.pl

MYTHICAL TANK

T-34

Tomasz Janiszewski

If we'd ask a layman about a Soviet tank from World War II, he will probably say "T-34". This almost mythical machine has grown into various legends, e.g. that it "won" the World War II, that the Germans panicked at the sight of it, that it was able to move in any terrain. These and other stories reproduced for dozens of years by Soviet propaganda of success have done their job. The T-34 was made into a unique superstructure, created by the genius of Soviet designers, which in many ways surpassed similar vehicles on both, the allies, and opponents sides. T-34 was objectively rated only after tens of years.

Undoubtedly, at the time of its creation, it was a very good combination of solid armor, firepower and maneuverability. The slanted welded armour of the tank was an absolute novelty, the 76.2 mm gun gave high firepower, and the powerful W-2 diesel engine with 500 hp allowed the tank to accelerate to 55 km/h. However, it should be remembered that the sloped armour reduced the space inside the tank, the gun had weak sights, and the propulsion was very troublemaking. The tank's design was consistent with the slogan: "Our weapon is for fighting, not for crew", so its ergonomics were terrible. The combat compartment was poorly ventilated, that's why after a few shots hatches had to be opened so the tankers would not suffocate from the powder gases. In the small turret, the commander was also a gunner, and when he wanted to command a platoon of tanks, he waved signal flags, because radio communication was rare. Visibil-

Jeśli zapytamy laika o jakiś radziecki czołg z okresu drugiej wojny światowej, prawdopodobnie wskaże T-34. Ta niemalże mityczna maszyna obrosła w najróżniejsze legendy: że „wygrała" drugą wojnę światową, że Niemcy panikowali na jej widok, że była w stanie poruszać się w każdym terenie. Te i inne opowieści powielane przez kilkadziesiąt lat sowieckiej propagandy sukcesu zrobiły swoje. Z T-34 zrobiono wyjątkową superkonstrukcję, stworzoną geniuszem radzieckich konstruktorów, która pod każdym względem przewyższała podobne jej pojazdy zarówno po stronie aliantów, jak i przeciwników. T-34 dopiero po kilkudziesięciu latach doczekał się obiektywnej oceny.

Niewątpliwie w momencie powstania stanowił bardzo dobre połączenie solidnego opancerzenia, siły ognia i manewrowości. Pochyły spawany pancerz czołgu był absolutną nowością, armata kal. 76,2 mm dawała dużą siłę ognia, a potężny silnik diesla W-2 o mocy 500 KM pozwalał rozpędzić czołg do prędkości 55 km/godz. Trzeba jednak pamiętać, że pochyły pancerz zmniejszał przestrzeń w czołgu, armata miała słabe przyrządy celownicze, a napęd był bardzo awaryjny. Konstrukcja czołgu była zgodna z hasłem: „Nasza broń jest do walki, a nie dla ludzi", zatem jej ergonomia była fatalna. Przedział bojowy był słabo wentylowany, w związku z czym po kilku wystrzałach trzeba było otwierać włazy, by się nie udusić od gazów prochowych. W małej wieży dowódca był jednocześnie celowniczym, a gdy chciał dowodzić plutonem czołgów, machał chorągiewkami sygnalizacyjnymi,

ity through the periscopes and visors was quite limited. All this meant that at the beginning of the war these undoubtedly modern tanks were often lost in duels with theoretically weaker German tanks. The workmanship of the T-34 was so poor at the time that many of them did not undergo military acceptance at the factory.

As the situation at front stabilized, the T-34 were gradually modernized. In the 1942/1943 model, the turret was changed to a larger, casted one, which greatly simplified production. This model was called "Mickey Mouse" because of the characteristic appearance of the vehicle with open hatches that resembled the ears of the said character.

After the end of World War II, the history of the T-34 does not end at all. They fought in various conflicts around the world, including Korea, Suez crisis, the Six-Day War, the Vietnam War, and even the civil war in Yugoslavia in the 90s. As early as mid-2018, combat use of T-34/85 tanks was officially reported during the Yemen Civil War. So it can be said that after more than 70 years from the end of production, T-34s are still fighting. Also an interesting fact is that in 2019 Russia purchased about 30 tanks from Laos, where they were still in the army. In Russia they will be used for parades and for filming war movies.

To build the T-34/76 model 1943 in a 1/48 scale, we only get the Hobbyboss model with catalogue number 48808. The set was created in 2006 and was a reduction of the same

bo łączność radiowa była rzadkością. Widoczność przez peryskopy i wizjery była dość ograniczona. To wszystko powodowało, że na początku wojny te niewątpliwie nowoczesne czołgi były często tracone w pojedynkach z teoretycznie słabszymi czołgami niemieckimi. Jakość wykonania T-34 była wtedy tak słaba, że wiele wozów nie przechodziło wojskowego odbioru w fabryce.

W miarę jak stabilizowała się sytuacja na froncie, T-34 były sukcesywnie modernizowane. W modelu 42/43 zmieniono wieżę na większą, odlewaną, co znacznie uprościło produkcję. Model ten nazywano „Myszka Miki" ze względu na charakterystyczny wygląd pojazdu z otwartymi włazami, które przypominały uszy wspomnianej postaci.

Po zakończeniu drugiej wojny światowej historia T-34 wcale się nie kończy. Czołgi te walczyły w najróżniejszych konfliktach na całym świecie, m.in. w Korei, podczas kryzysu sueskiego, wojny sześciodniowej, wojny w Wietnamie, a nawet wojny domowej w Jugosławii w latach 90. Jeszcze w połowie 2018 roku oficjalnie odnotowano użycie bojowe czołgów T-34/85 podczas wojny domowej w Jemenie. Można więc powiedzieć, że po ponad 70 latach od zakończenia produkcji czołgi nadal walczą. Ciekawostką jest też fakt zakupienia w 2019 roku przez Rosję ok. 30 czołgów od Laosu, gdzie były ciągle na uzbrojeniu armii. W Rosji będą wykorzystywane do defilad i kręcenia filmów wojennych.

Chcąc zbudować T-34/76 model 1943 w skali 1/48 mamy do wyboru tylko model Hobbybossa o numerze ka-

company's model, but in a 1/16 scale. To this day, Hobbyboss sets are the only T-34s in this scale with a full interior included.

talogowym 48808. Zestaw powstał w 2006 roku i był pomniejszeniem modelu tej samej firmy, ale w skali 1/16. Do dziś zestawy Hobbybossa są jedynymi „teciakami" w tej skali z pełnym wnętrzem.

Used sets/ Wykorzystane zestawy:
– T-34/76 Hobbyboss catalogue no./nr kat. 84 808,
– Barrell/Lufa T-34/76 76,2 mm F-34 RB Model catalogue no./nr kat. 48B03
– PE set/Elementy fototrawione Hauler T-34/85,
– Tamiya German Infantry on Maneuvers catalogue no./nr kat. 32530.

Used paints and other chemicals/Wykorzystana chemia modelarska:
– Primer/Podkład One Shot Grey Ammo catalogue no./nr kat. A.MIG-2024, Black A.MIG-2023,
– Paints/Farby: Tamiya: XF 58, XF-4, XF-2, XF-55, XF-16, X-22, X-24, X-22; Ammo Mig: A.MIG-913, A.MIG-914, A.MIG-044, A.MIG-932, A.MIG-933, A.MIG-934, A.MIG-935; Gunze: C 340; Vallejo: 70917, 70978, 70822; Humbrol: 160, 29,
– Chemicals/Chemia: Wash Dark Brown AK-045, White Spirit AK 011, Earth Effects AK-017, Fresh Engine Oil A.MIG-1408, AK-042 European Earth,
– Pigments/Pigmenty: Russian Earth P034, Dark Earth A.MIG-3007, Metal Slag A.MIG-3020,
– Grey Pumice Vallejo 26213,
– Decal fluids/Płyny do kalkomanii Microscale Set i Sol,
– Oilbrushers/Farby olejne: Buff A.MIG 3517, AMMO Yellow A.MIG 3502, Dusty Earth A.MIG 3523, Dark Brown A.MIG 3512, , Earth A.MIG 3514, Dark Mud A.MIG-3508,
– Marker Chrome Molotov,
– Gravel & Sand Fixer AK118,
– Ultra Varnish Matte/Lakier matowy AK18.

Base/Podstawka
– Balsa wood (planks/płytki),
– Styrodur,
– Tile adhesive/Klej do płytek,
– Paint primer/Budowlana emulsja gruntująca,
– Acrylic resin/Żywica akrylowa AC33,
– Dish soap/Płyn do naczyń,
– Electrostatic grass Polak 2, 4 & 6mm/ Trawa firmy Polak o długościach 2, 4 i 6 mm,
– Terrarium foundation/Podłoże do terrarium,
– Dry leaves/Suszone liście,,
– Small branches/Gałązki z lasu,,
– Roots/Korzenie roślin,
– Soil/Ziemia z wykopu,
– Dried seaweed/Suszone wodorosty,
– Beige fugue/Fuga do płytek kolor beżowy.

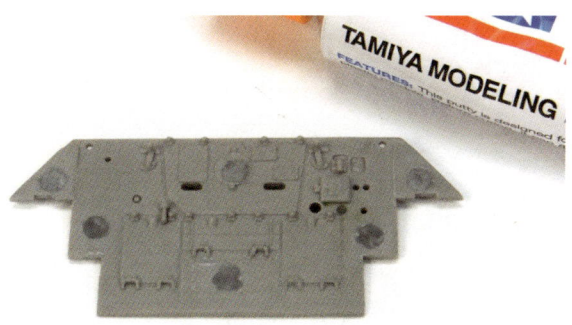

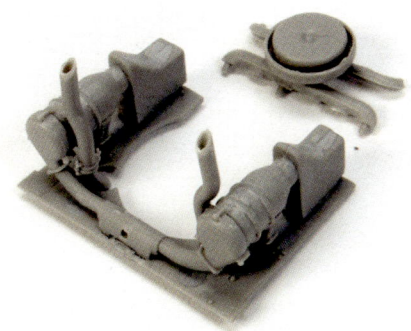

During the build, we need to make friends with putty and sandpaper. The model has many ejectors signs that are not always located in logical places.

Budując model, musimy się zaprzyjaźnić ze szpachlówką i papierem ściernym. Model posiada wiele śladów po wypychaczach umieszczonych nie zawsze w logicznych miejscach.

When starting the engine assembly, we need to choose the type of air filter we want to use: the above the engine type or multi-cyclone filter set. Installation of both is a mistake!

Rozpoczynając montaż silnika, musimy wybrać rodzaj filtra powietrza, jaki chcemy zastosować: nadsilnikowy bądź zestaw filtrów multicyklon. Montaż obu filtrów jest błędem!

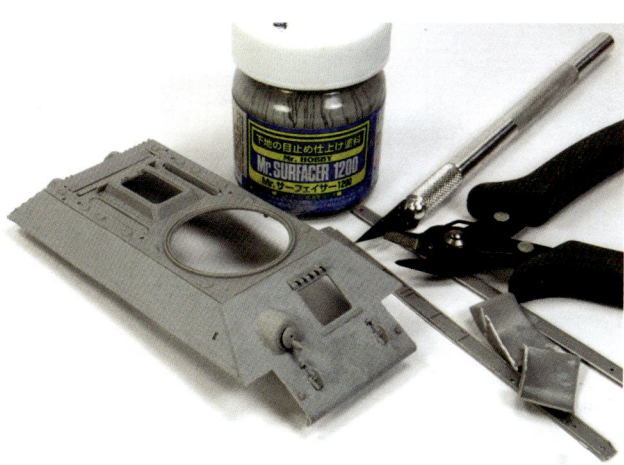

From a mixture of pumice stone, acetone and surfacer 1200 I've created a mass that was used to make the casting texture. I've patted the mixture on the surface with an old, trimmed brush, and after drying, I've gently sanded it with an abrasive sponge. At this stage, I've also cut off the front fenders, which were often removed by crews, especially when damaged. I've removed them with a sharp cutter and side pliers.

Z mieszanki pumeksu, acetonu i surfacera 1200 stworzyłem masę, która posłużyła do wykonania faktury odlewu. Miksturę wklepywałem w powierzchnię starym, przyciętym pędzlem, a po wyschnięciu delikatnie przeszlifowałem gąbką ścierną. Na tym etapie odciąłem również przednie błotniki, które były często zdejmowane przez załogi, zwłaszcza gdy uległy uszkodzeniu. Usunąłem je za pomocą ostrego nożyka i bocznych szczypiec.

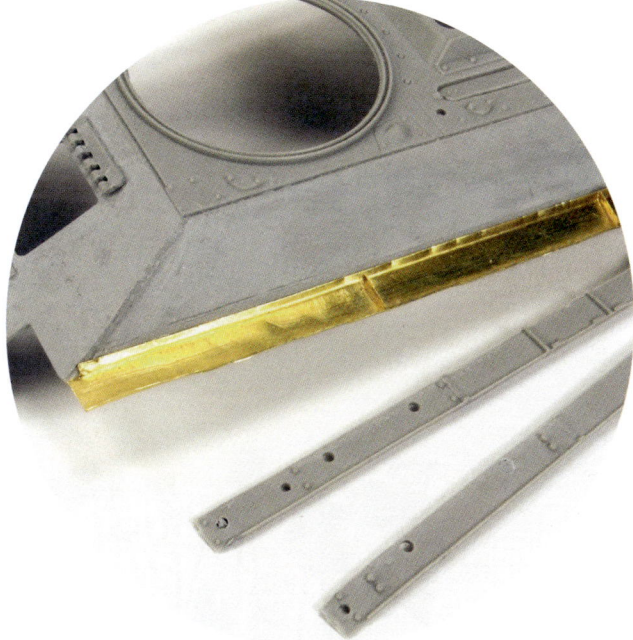

Damages of the rubber tread of the wheels were made with coarse sandpaper and a scalpel. I've also have other T-34 wheels from previous models, which will later be used to mount a mixed wheel system. Archival photos shows that this was a quite common feature.

Uszkodzenia gumowego bieżnika kół wykonałem gruboziarnistym papierem ściernym i skalpelem. Z poprzednich modeli pozostały mi także inne koła do T-34, które posłużą później do zamontowania mieszanego układu kół. Na zdjęciach archiwalnych widać, że było to dość częste.

Using cut-off side fenders as a pattern, I've made new ones from a 0.1 mm thick copper plate.

Wykorzystując odcięte boczne błotniki jako wzór wykonałem nowe z blaszki miedzianej o grubości 0,1 mm.

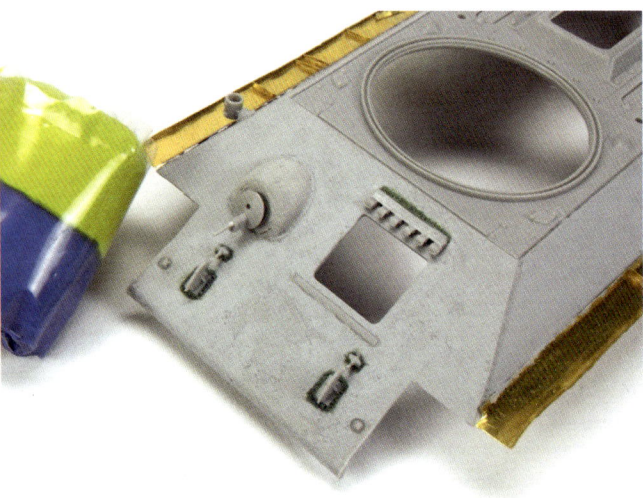

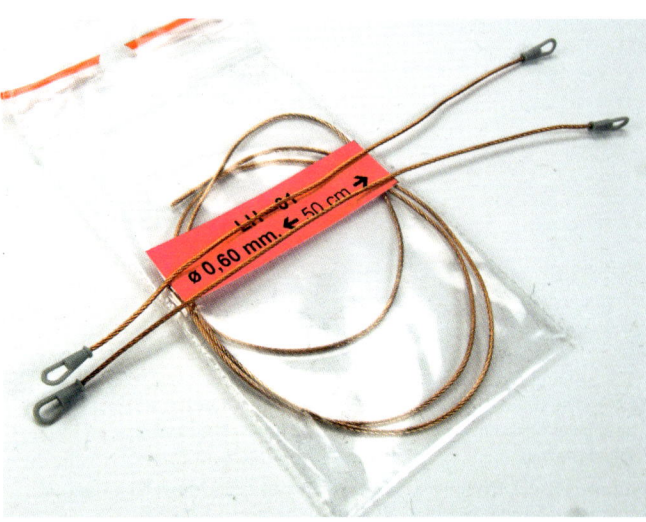

The missing welds were made from Green Stuff two-component mass.

Brakujące spawy wykonałem z masy dwuskładnikowej Green Stuff.

I've replaced the kit's towing cables with thinner ones (0.60mm).

Liny holownicze wymieniłem na cieńsze o średnicy 0,60 mm.

The model was ready for painting. Interior elements were glued to toothpicks with Blue Tack mass. Before painting, I've washed the model in warm water with the addition of dishwashing liquid.

Model gotowy do malowania. Elementy wnętrza przyklciłem do wykałaczek plasteliną Blue Tack. Przed malowaniem umyłem model w letniej wodzie z dodatkiem płynu do mycia naczyń.

Vehicle after fitting all main parts together. The model was ready for priming.

Bryła pojazdu po złożeniu. Model był gotowy na przyjęcie podkładu.

I've airbrushed the model with a coat of the Gray One Shot Primer from AK-Interactive, and then gave it 24 hours to dry well.

Na model naniosłem aerografem szary podkład One Shot od AK-Interactive, po czym dałem mu 24 godziny, by dobrze wysechł.

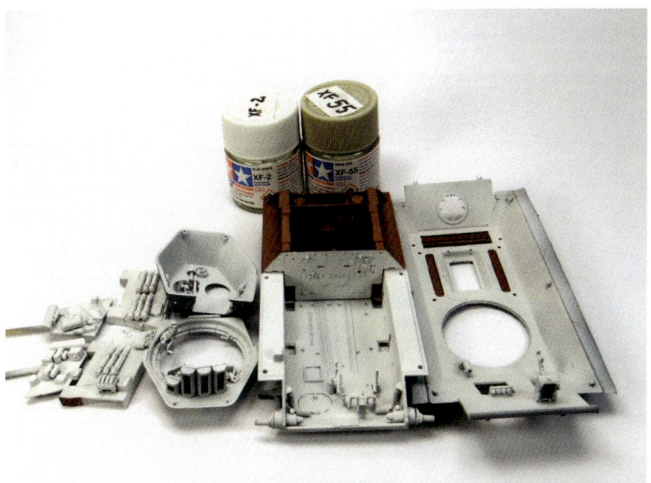

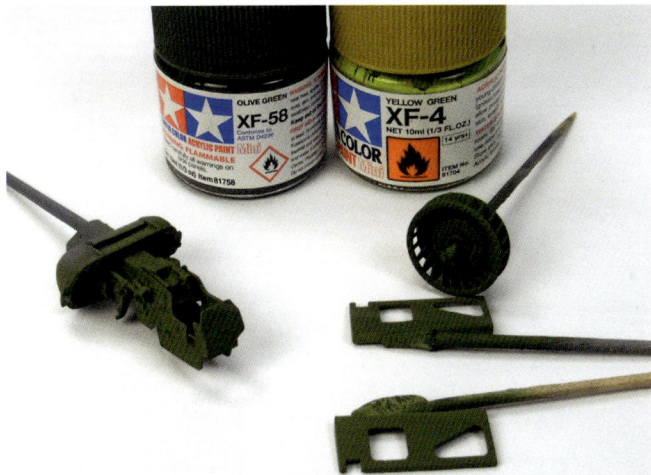

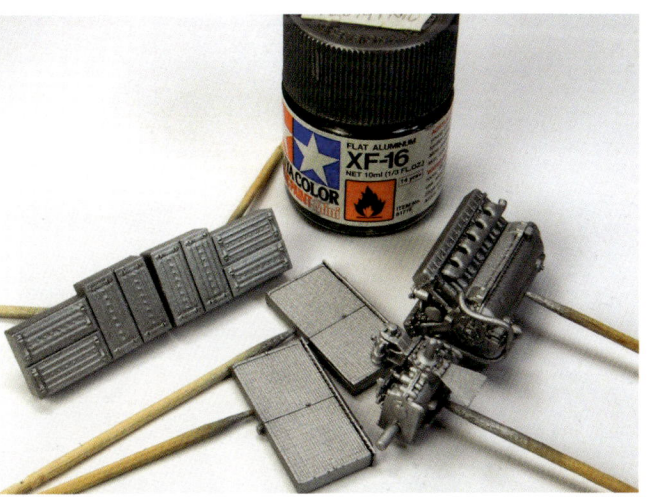

I've divided the interior parts into groups and painted them with the appropriate colours by airbrush: crew compartment in white, engine compartment in red brown, cannon and fan in green, and engine, radiators and transmission in aluminium.

Części wnętrza podzieliłem na grupy i pomalowałem je odpowiednimi kolorami aerografem: przedział załogi na biało, przedział silnikowy na kolor czerwonobrązowy, armatę i wentylator na zielono, a silnik, chłodnicę i transmisję na kolor aluminium.

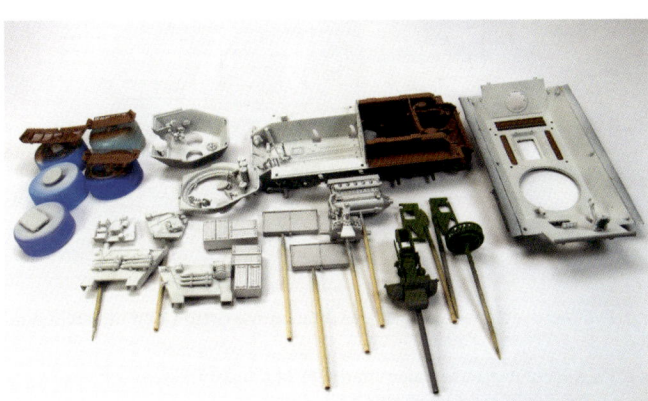

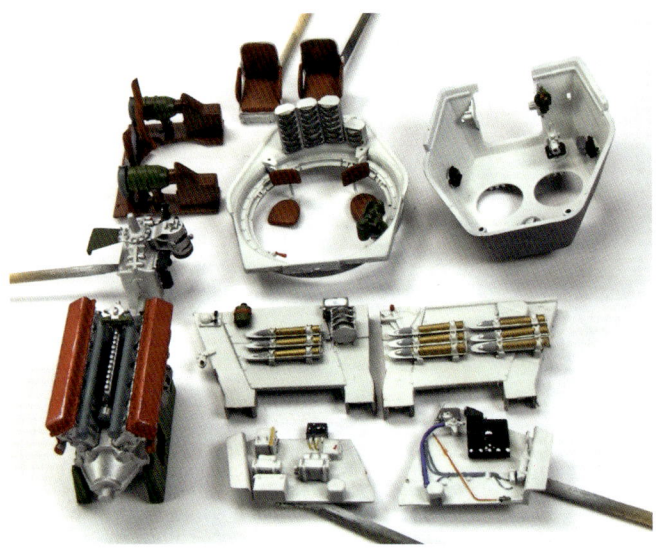

I've painted the interior details with acrylics.

Farbami akrylowymi pomalowałem szczegóły wnętrza.

Next, I've painted the ammunition boxes black using the hairspray technique.

Skrzynki amunicyjne pomalowałem na czarno, stosując technikę na lakier do włosów.

I've applied a dark brown wash from AK-Interactive on all details. After drying, I've removed the excess of the fluid with a cotton bud moistened in White Spirit.

Na wszystkie elementy naniosłem ciemnobrązowego washa od AK-Interactive. Po wyschnięciu usuwałem nadmiar płynu patyczkiem kosmetycznym zwilżonym w White Spiricie.

I've made paint splashes on the elements of the interior with a sponge from an ordinary kitchen dishcloth. I've soaked it with paint, then removed the excess with a kitchen towel, and then gently tapped the desired parts of the model with a piece of sponge held in tweezers.

Odpryski farby na elementach wnętrza wykonałem gąbką ze zwykłego zmywaka kuchennego. Nasączałem ją farbą, której nadmiar usuwałem na ręczniku kuchennym. Następnie delikatnie tapowałem kawałkiem gąbki żądane części modelu.

I've stained the floor with dark pigments, which I've applied by brush, then fixed them with diluted in white spirit earth washes, thus creating oily stains.

Podłogę ubrudziłem ciemnymi pigmentami. Naniosłem je pędzlem, po czym utrwaliłem rozcieńczonymi w White Spiricie specyfikami w kolorze ziemi, tworząc w ten sposób oleiste plamy.

I did the same in the engine compartment. Here, however, I've used a Metal Slag pigment.

Podobnie postąpiłem w przedziale silnikowymi. Tu jednak użyłem pigmentu w kolorze Metal Slag.

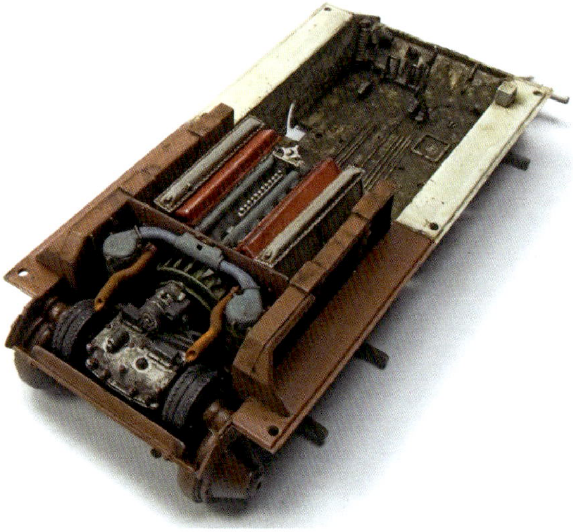

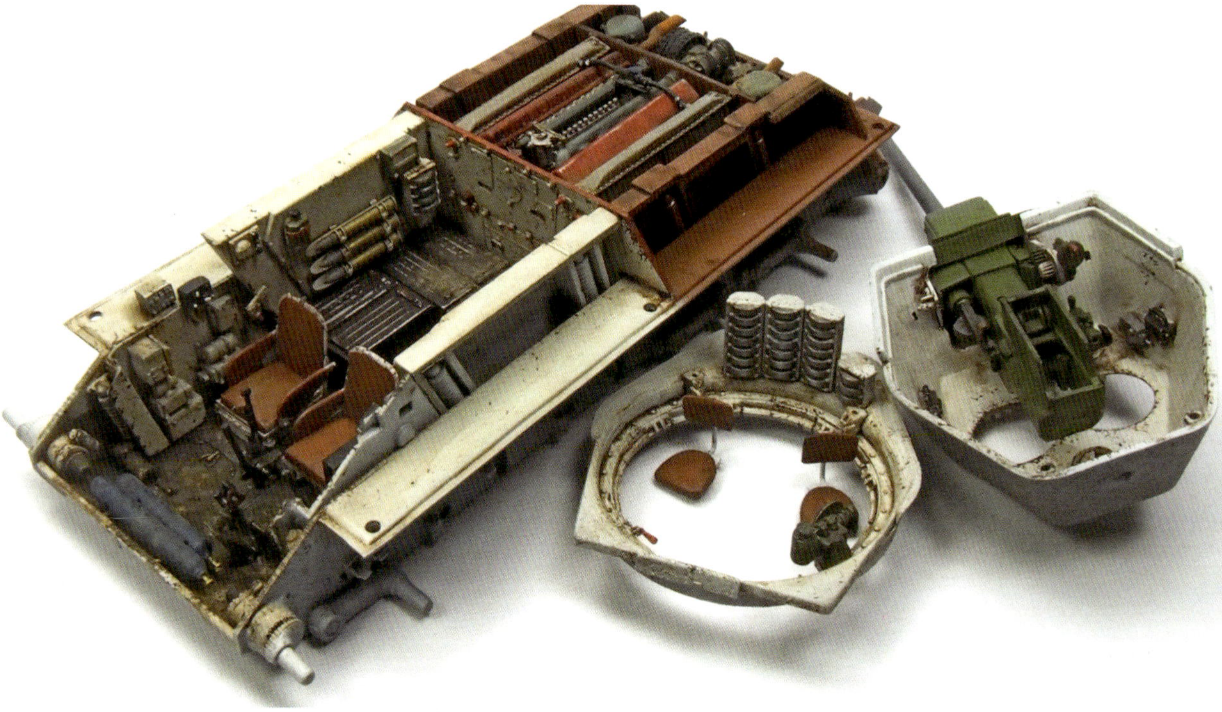

Finished interior modules have been glued into place with a CA glue.

Gotowe moduły wnętrza wkleiłem na swoje miejsca przy użyciu kleju CA.

After gluing the turret parts together, I've recreated the missing welds using Green Stuff, which was applied with a medical needle cut in the shape of the letter "C".

Po sklejeniu wieży odtworzyłem brakujące spawy z masy Green Stuff, którą nanosiłem igłą lekarską zeszlifowaną na kształt litery „C".

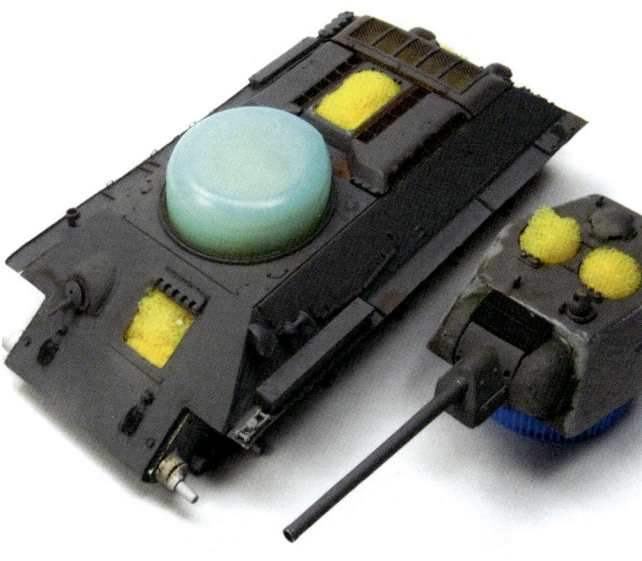

Before painting, I've secured the interior by pushing a sponge inside the turret's and hull's hatches and secured the main slot with a mineral water cap.

Przed malowaniem zabezpieczyłem wnętrze, wciskając w otwory włazów gąbkę i zabezpieczając otwór na wieżę nakrętką po wodzie mineralnej.

The model was meant to receive intense weathering, so I've used the Vallejo granular paste, which recreated the texture of the mud. It can also mask the imperfections between the top and the bottom of the hull.

Model miał otrzymać intensywne brudzenie, dlatego na wstępnie skorzystałem z pasty ziarnistej od Vallejo, z której odtworzyłem fakturę błota. Przy okazji można zamaskować niedoskonałości połączenia góry kadłuba z wanną.

To check the surface after many modifications, I've decided to paint the model again with a black primer.

Aby skontrolować powierzchnię po wielu przeróbkach, postanowiłem ponownie pomalować model czarnym podkładem.

I've applied the green base colour from the AMMO modulation kit. I've tried to keep naturally darkened places darker than the rest of the model.

Na model naniosłem zielony kolor bazowy z zestawu do modulacji firmy AMMO. Malowałem tak, by naturalnie zaciemnione miejsca pozostały ciemniejsze.

I've made the colour modulation with a lighter shades of the base. To create the sharp colour transitions, I've used the Tamiya masking tape and an old visit card.

Modulację wykonałem jaśniejszymi odcieniami koloru bazowego. Do tworzenia granic kolorów wykorzystałem starą wizytówkę i taśmę maskującą Tamiya.

Painting the wheels was greatly eased by a circular template purchased in a drawing shop.

Malowanie kół znacznie ułatwił szablon kołowy zakupiony w sklepie kreślarskim.

I've highlighted the details with a green base paint, which I've brightened with a drop of white. Intense contrasts will be weakened in subsequent stages.

Szczegóły podkreśliłem zieloną farbą bazową, którą rozjaśniłem odrobiną bieli. Wyraźne kontrasty zostaną osłabione w kolejnych etapach.

To merge the colours, I've used a filter made of a few drops of green paint and yellow clear enamel, which were diluted with a colourless glossy varnish.

Aby scalić kolory, zastosowałem filtr wykonany z kilku kropel zielonej farby oraz żółtej emalii typu clear, które rozcieńczyłem w bezbarwnym lakierze błyszczącym.

On the turret's side, I've applied the decal found in my own supplies. The application was supported by excellent Set and Sol fluids from Microscale. Once again, I've sealed the decals with transparent varnish.

Na wieżę naniosłem kalkomanię znalezioną we własnych zapasach. Aplikację wspomogły doskonałe płyny Set i Sol od Microscale. Kalkomanie ponownie zabezpieczyłem lakierem bezbarwnym.

I've painted the accessories on the model with acrylic paints.

Osprzęt na modelu pomalowałem farbami akrylowym.

Wash was made from a ready product designed for green vehicles (AK045). I've applied it with a brush, and after drying (about 15 minutes), removed the excess with cotton buds. In hard to reach places, I've removed excess of the wash with a brush moistened in White Spirit.

Wash to gotowy produkt przeznaczony do zielonych pojazdów (AK045). Nanosiłem go pędzelkiem, a po wyschnięciu (ok. 15 minut) usuwałem nadmiar patyczkami kosmetycznymi. W trudno dostępnych miejscach nadmiar washa usuwałem pędzlem zwilżonym w White Spiricie.

I've painted the vertical dirt stains with a brush in the form of thin lines, and after drying, I've blurred it with a flat brush moistened in White Spirit.

Pionowe zacieki brudu nanosiłem pędzlem w formie cienkich linii, a po wyschnięciu rozcierałem ząbkowanym płaskim pędzlem zwilżonym w White Spiricie.

Oil paints allow you to deepen the contrasts. I've used four oilbrushers, which were applied with a brush and softened with a dry brush or cotton bud.

Farby olejne pozwalają pogłębić kontrasty. Użyłem czterech oilbrusherów, które nanosiłem pędzelkiem na model i rozcierałem suchym pędzlem lub patyczkiem kosmetycznym.

I've made the scratches using a sponge attached in a self-locking tweezers. I've applied paint splashes from the lightest to darker. In several places, I've improved the sratches, creating larger areas of the damaged paint. Failed parts can be easily corrected with a simple toothpick.

Obicia wykonałem klasyczną metodą z wykorzystaniem gąbki umocowanej w pęsecie samozaciskowej. Odpryski farby nanosiłem od najjaśniejszych do ciemniejszych. W kilku miejscach poprawiłem obicia pędzlem, tworząc większe obszary uszkodzonej powłoki. Nieudane fragmenty łatwo skorygować zwykłą wykałaczką.

I've painted the tracks on the frames with a black primer and Gun Metal paint. The links have signs of ejectors in places that are difficult to remove, but because I was planning to heavily dirt the chassis, I've decided not to worry about it.

Gąsienice pomalowałem na ramkach czarnym podkładem i farbą Gun Metal. Ogniwa mają ślady po wypychaczach w trudnych do usunięcia miejscach, ale ponieważ planowałem mocne brudzenie, postanowiłem się tym nie przejmować.

Bottom of the vehicle was grimed with Dark Earth mass on the chassis and immediately embedded with pigments of different colours. After the mass dried, I've refined the hull with oil paints.

Brudzenie zacząłem od dołu pojazdu. Na podwozie nanosiłem masę Dark Earth i od razu wtapowałem w nią pigmenty o różnych kolorach. Po wyschnięciu masy dopracowałem wannę kadłuba farbami olejnymi.

Wheels were dirted practically with the same products as hull. The only difference was to paint the steel treadmills with the rust colour, because those were elements that corroded very quickly.

Podobnie pobrudziłem koła. Zastosowałem praktycznie te same produkty. Jedyna różnica to pomalowanie bieżni stalowych kół kolorem rdzy, ponieważ były to elementy, które błyskawicznie korodowały.

Wheels were mounted to the hull. Since I did not stick the swingarms permanently, I've could now mount the wheels at different levels.

Koła zamontowane do kadłuba. Ponieważ nie przyklejałem wahaczy na stałe, mogłem teraz zamontować koła na różnych poziomach.

The interior of the reflector was painted with the Molotov Chrome marker, which does not require prior undercoat. I've glued the "glass" with a Tamiya clear coat.

Wnętrze reflektora pomalowałem markerem Chrome firmy Molotov, który nie wymaga wcześniejszego malowania podkładu. Szkiełko przykleiłem lakierem bezbarwnym Tamiya.

Track assembly was facilitated with kit's templates which helps to position the individual links at the front and rear. I've painted the track with a diluted Humbrol 160, imitating old rust. The drive wheel was installed after assembling the track, which greatly eased the fitting. The second track was to remain unchained and will appear during building the stand.

Montaż gąsienicy ułatwiają zestawowe szablony, które pomagają ustawić pojedyncze ogniwa z przodu i z tyłu. Gąsienicę pomalowałem rozcieńczoną farbą Humbrol 160, imitując starą rdzę. Koło napędowe montowałem po założeniu gąsienicy, co również znacznie ułatwiło pracę. Druga gąsienica miała pozostać rozpięta i pojawi się dopiero przy okazji tworzenia podstawki.

Mudguards, nooks of the hull and tracks were sprinkled with earth from the garden and with dried seaweed. I've fixed it with Gravel & Sand glue, applied with a pipette.

Błotniki, zakamarki kadłuba oraz gąsienicę posypałem ziemią z wykopu oraz przyciętymi wysuszonymi wodorostami. Całość utrwaliłem klejem Gravel & Sand, który aplikowałem za pomocą pipety.

I've airbrushed a layer of the North Africa Dust on the model and after about 10 minutes, I've washed the excess with a brush moistened in White Spirit. The effect was corrected with oil paints: brown and dust.

Na model naniosłem aerografem warstwę North Africa Dust i po ok. 10 minutach zmyłem nadmiar pędzlem zwilżonym w White Spiricie. Efekt skorygowałem farbami olejnymi: brązową i w kolorze kurzu.

After assembling the model, I've covered it with a layer of excellent matt varnish from AK-Interactive.

Po zmontowaniu modelu w całość zmatowiłem go świetnym lakierem matowym od AK-Interactive.

Time for last corrections. I've wiped the edges with a pencil and metallic pigment and added few fuel stains.

Pozostały ostatnie poprawki, przetarcie krawędzi ołówkiem i metalicznym pigmentem oraz dodanie kilku plam po paliwie.

Base was made from a piece of polystyrene foam with dimensions of 15 × 10 cm, which I've reinforced with a 2mm thick balsa boards.

Podstawkę wykonałem z kawałka styropianu o wymiarach 15 × 10 cm, który okleiłem deskami z balsy o grubości 2 mm.

From the cut pieces of polystyrene foam, I've made the terrain and pre-placed the model on the base.

Z przyciętych kawałków styropianu wyprofilowałem teren i wstępnie umiejscowiłem model na podstawce.

I've applied terracotta adhesive to the base, which levelled the surface. I've applied the soil from the garden mixed with beige fugue. I've mounted the tank on the stand and the, I've poured a mixture of acrylic resin with water and glass cleaner. Finally, I've sprinkled the ground with crushed leaves, and in the corner I've added some electrostatic grass. The stage was left for 24 hours to dry.

Na podstawkę naniosłem klej do terakoty, którym wyrównałem wstępnie podłoże. Na klej naniosłem ziemię z ogródka wymieszaną z beżową fugą. Następnie zamocowałem czołg na podstawce. Całość zalałem mieszanką żywicy akrylowej (nada się również klej wikol) z wodą i płynem do mycia szyb. Na koniec posypałem grunt rozdrobnionymi liśćmi, a w narożniku posiałem trawkę elektrostatyczną. Scenkę odstawiłem na 24 godziny do wyschnięcia.

The earth colour was made with oil paints and pigments – to increase contrasts. Stones and lumpy ground was painted with lighter paints, and shaded areas with darker ones. Finally, I've covered it with a oil filter made of Humbrol 29 paint.

Kolor ziemi wykonałem farbami olejnymi i pigmentami, aby zwiększyć kontrast. Kamienie i zbryloną ziemię pomalowałem jasnymi farbami, a zacienione miejsca ciemnymi. Na koniec całość pokryłem filtrem z farby olejnej Humbrol 29.

Figures came from the Tamiya set. I've painted them with a mix of acrylic and oil paints.

Figurki pochodzą z zestawu Tamiya. Pomalowałem je mieszanką farb akrylowych i olejnych.

Rebel
T-34/85

– the never ending tale

Tomasz Janiszewski

While browsing the social media, I've came across an interesting photograph of the T-34/85 tank. The photo was a frame from the Arab news program about the civil war in Yemen. They were dated 2018 or 2019. The use of T-34/85 tanks in the second decade of the 21st century is undoubtedly a bit surprising. The tank's age can be estimated at over 70 years! In Europe, most of the T-34s ended up at ironworks, and few have found a well-deserved place on monuments and in military museums. But during the civil war in Yemen everything that could shoot was used. Films and photographs found on the Web confirms a few or a dozen or so of T-34s tanks being used in combat. It can be assumed that their technical condition left much to be desired. The photographs shows progressive corrosion, bent and incomplete fenders, damaged or complete lack of tool boxes. This gave a lot of opportunities for interesting modelling features with lots of exploitation signs.

The tank in the photo has a characteristic "large" turret, which indicates that it was manufactured in factory No. 112. The arrangement of two separate ventilators on the turret is characteristic of the so-called 1946 model. The box from the T-55 on the side of the fuselage may indicate modernization of the tank in the sixties to the standard of the 1960 or 1969 model. Such modernized tanks were massively exported from the USSR to Third World countries. The tanks were repainted in desert camouflage. One type of camouflage is very similar to the German patterns from the end of the Sec-

Przeglądając media społecznościowe, natknąłem się na ciekawą fotografię czołgu T-34/85. Zdjęcie było kadrem z arabskiego programu informacyjnego na temat wojny domowej w Jemenie. Datowano je na 2018 lub 2019 rok. Fakt użycia bojowego czołgów T-34/85 w drugiej dekadzie XXI wieku niewątpliwie jest nieco zaskakujący. Wiek czołgu można bowiem szacować na ponad 70 lat! W Europie większość T-34 już dawno skończyła w hutach, a nieliczne znalazły zasłużone miejsce na cokołach pomników i w muzeach wojskowych. Ale w czasie wojny domowej w Jemenie wykorzystywano wszystko, co potrafiło strzelać. Znalezione w sieci filmy i fotografie potwierdzają użycie kilku lub kilkunastu „teciaków". Można przypuszczać, że ich stan techniczny pozostawiał wiele do życzenia. Na fotografiach widać postępującą korozję, pogięte i niekompletne błotniki, uszkodzone lub zupełny brak skrzynek narzędziowych. Dawało to spore możliwości, by „poszaleć" modelarsko ze śladami eksploatacji na modelu.

Czołg na fotografii posiada charakterystyczną „dużą" wieżę, co wskazuje, że został wyprodukowany w zakładach nr 112. Układ dwóch osobnych wentylatorów na wieży jest charakterystyczny dla tak zwanego modelu 1946. Skrzynka od T-55 na boku kadłuba może świadczyć o modernizacji czołgu w latach 60. do standardu modelu 1960 lub 1969. Tak zmodernizowane czołgi były masowo eksportowane z ZSRR do krajów Trzeciego Świata. Czołgi zostały przemalowane w pustynne kamuflaże. Jeden typ kamuflażu jest bardzo zbli-

ond World War, where green and red-brown stripes were applied to the sand base. Another type is brown, irregular stripes on a sand base. Damage to the paint coating reveals the previous colour, i.e. typical Russian green.

The design of the T-34/85 was classic. The hull was made of welding rolled armour plates, the frontal armour thickness was 60mm. Tank was propelled by W-2 12-cylinder diesel engine (500 HP). The turret was casted. The main armament of the T-34/85 tank was the 85mm ZiS-S-53 gun. Auxiliary armament consisted of two 7.62mm DT machine guns. The total production of all versions of the T-34 tank amounted to around 80,000, which gives it second place (after the T-55) in terms of the number of tanks produced in history.

As for the T-34/85 factory No. 112 model 1946 in a 1/35 scale, we can virtually only choose the Academy model (catalogue no. 13290). The set was released in 2015 and represents typical quality for this manufacturer. The set contains decals of six painting schemes, including three Soviet variants from the end of World War II and three from the Korean War.

żony do niemieckich schematów z końcowego okresu drugiej wojny światowej, gdzie na piaskową bazę nanoszono zielone i czerwonobrązowe pasy. Inny typ to brązowe nieregularne pasy na piaskowej bazie. Uszkodzenia powłoki malarskiej zdradzają poprzedni kolor, czyli typową rosyjską zieleń.

Konstrukcja czołgu T-34/85 była klasyczna. Kadłub powstał metodą spawania walcowanych płyt pancernych. Grubość pancerza czołowego wynosiła 60 mm. Napęd stanowił 12-cylindrowy silnik wysokoprężny typu W-2 o mocy 500 KM. Wieża była odlewana. Uzbrojenie główne czołgu T-34/85 stanowiła armata ZiS-S-53 kalibru 85 mm. Uzbrojenie pomocnicze to dwa karabiny maszynowe typu DT kalibru 7,62 mm. Łączna produkcja wszystkich wersji czołgu T-34 wyniosła około 80 tysięcy egzemplarzy, co daje mu drugie miejsce (po T-55) pod względem ilości wyprodukowanych czołgów w historii.

Jeśli chodzi o T-34/85 produkcji zakładów 112 model 1946 w skali 1/35, to mamy do wyboru praktycznie tylko model firmy Academy o numerze katalogowym 13290. Zestaw powstał w 2015 roku i reprezentuje typową jakość dla tego producenta. Zestaw zaopatrzono w kalkomanie z sześcioma schematami malowań, w tym trzy warianty radzieckie z końca drugiej wojny światowej oraz trzy z okresu wojny koreańskiej.

Used sets/ Wykorzystane zestawy

– T-34/85 „ No 112 Factory Production" nr kat. 13 290,
– Metal barrel/Metalowa lufa T-34/85 mm DEF Model nr kat. DM 35044,
– PE parts/ Elementy fototrawione Voyager nr kat. PE 35 769,
– Metal tracks/Metalowe gąsienice FriulModel ATL-09,
– Copper sheet 0.2mm/Blaszka miedziana o grubości 0,2 mm.

Used chemistry and specifics/Użyta chemia

– Nitro thinner/Rozpuszczalnik nitro,
– White Spirit AK 011, Odorless Thinner AK049,
– Surfacer 500,
– Primers/Podkłady: AK 757 Black and Microfiller, Vallejo 74603 German Panzer Grey,
– Paints/Farby: Ammo Mig: A.MIG-0040, A.MIG-0042, A.MIG-014, A.MIG-023, A.MIG-030, A.MIG-044, A.MIG-019, A.MIG-050; Vallejo: 70982, 70.957; Humbrol: 93, 63,
– Chemistry/Chemia: Ammo Mig: Chipping A.MIG-2011, A.MIG-2010, A.MIG-1404, A.MIG-1004, A.MIG-1408, A.MIG-2020,
– Oilbrushers/Oilbrushery: A.MIG-3512, A.MIG-3523, A.MIG-3515, A.MIG-3510, A.MIG-3505, A.MIG-3513,
– Pigments/Pigmenty: A.MIG-3003, A.MIG-3002, AK081, AK086,
– Glue/Klej Gravel & Sand AK118,
– Matt varnish/Lakier matowy Ultra Matte AK183.

Base/Podstawka

– Balsa (planks)/balsa (deseczki),
– Styrodur,
– Sand for chinchillas/Piasek do szynszyli,
– Gypsum plaster/Tynk gipsowy Goldband,
– Mass/Masa AK Sandy Desert AK8022,
– Electro-static grass 6mm/trawa elektrostatyczna 6 mm.

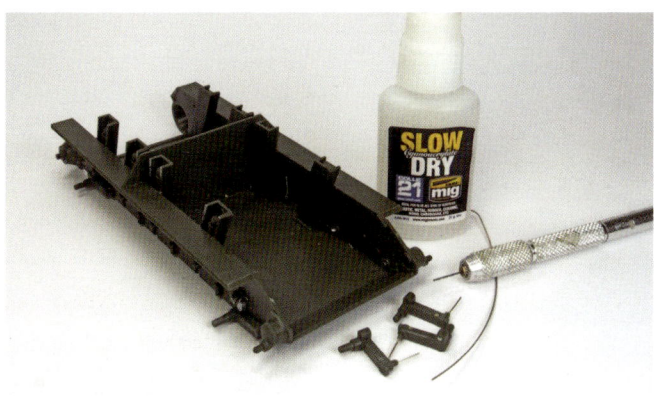
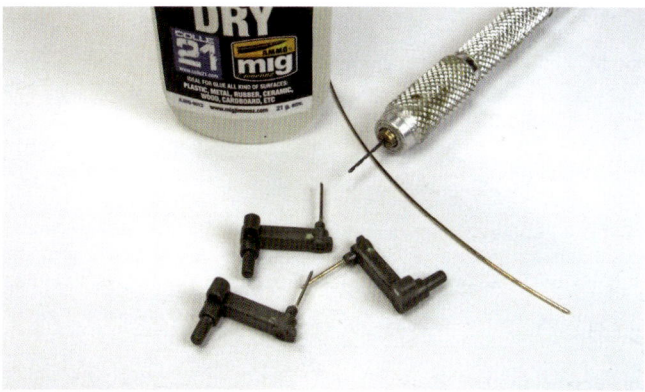

When planning the installation of metal tracks on the model, it is worth making a movable suspension in advance. That's why, I've fixed the first and last swingarm permanently, and glued a piece of wire to the others. After mounting the swingarms to the hull, I've just bent the wires inside.

Planując montaż metalowych gąsienic na modelu, warto zawczasu wykonać ruchome zawieszenie. Pierwszy i ostatni wahacz zamocowałem na stałe, zaś w pozostałe wkleiłem kawałek drutu, który zaginałem po zamocowaniu wahaczy do wanny kadłuba.

The overdrawn surface of the armour is a weak point of the set, so I've created a mixture from pumice, nitro and surfacer 500, from which I've made a new texture. I've tapped the mixture to the surface with an old brush, and after drying, gently sanded it with an abrasive sponge. I've obtained the casting number by cutting out the numbers from the frames with a sharp razor. The handles were made of 0.4mm thick wire.

Przerysowana faktura odlewu to słaby punkt zestawu. Z mieszanki pumeksu, nitro i surfacera 500 stworzyłem mieszankę, z której wykonałem nową fakturę. Wtapowałem ją w powierzchnię starym przyciętym pędzlem, a po jej wyschnięciu delikatnie przeszlifowałem gąbką ścierną. Numer odlewu uzyskałem, wycinając cyferki z ramek za pomocą ostrej żyletki. Uchwyty wykonałem z drutu o grubości 0,4 mm.

Damage to the rubber treads of the wheels was done with a coarse sandpaper and a sharp knife. Two wheels are from T-55 tank, which was a common feature in post-war T-34/85.

Uszkodzenia gumowego bieżnika kół jezdnych wykonałem gruboziarnistym papierem ściernym oraz nożykiem modelarskim. Dwa koła wymieniłem na koła od T-55, co było często spotykane w powojennych T-34/85.

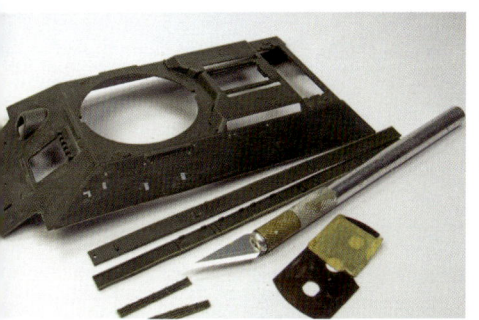

I've cut off the fenders and upper ventilation grilles with a sharp knife and a razor saw. Using fenders as a pattern, I've made new ones from a copper sheet.

Błotniki i górne kratki wentylacyjne odciąłem ostrym nożykiem i piłką modelarską. Wykorzystując plastikowe błotniki jako wzór, wykonałem nowe z miedzianej blaszki.

I've filled the unwanted holes in the hull and recreated the texture of a rolled steel using nitro and surfacer 1200.

W kadłubie zaszpachlowałem niepotrzebne otwory i przy użyciu nitro oraz surfacera 1200 odtworzyłem fakturę stali walcowanej.

Fitting the PE parts was the most challenging part of the building process.
Najwięcej pracy wymagało wykonanie elementów z blaszek fototrawionych.

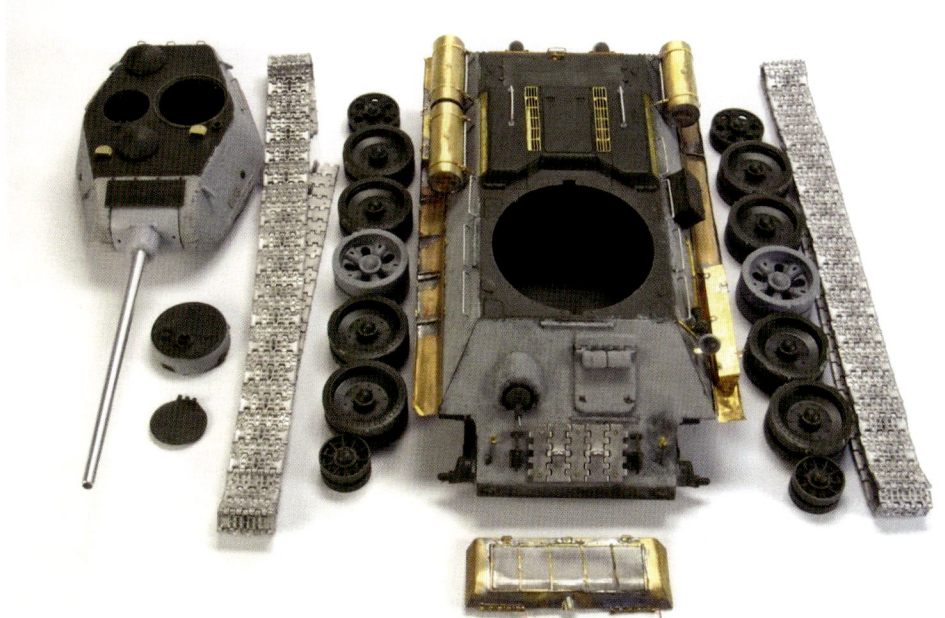

The components of the model prepared for painting.

Elementy składowe modelu przygotowane do malownia.

After washing the model in warm water with the addition of a dishwashing liquid, miniature was ready for painting. I've applied the AK-Interactive's black primer to the entire model (except for the road wheels). I gave the paint 24 hours to dry completely.

Po umyciu modelu w ciepłej wodzie z dodatkiem płynu do naczyń mogłem zaczynać malowanie. Na cały model (poza kołami jezdnymi) naniosłem czarny podkład firmy AK-Interactive. Dałem farbie 24 godziny do pełnego wyschnięcia.

I've painted the road wheels with Vallejo Panzer Gray primer, which perfectly imitates rubber colour, so there is no need to use another paint for them.

Koła jezdne pomalowałem podkładem w kolorze Panzer Grey firmy Vallejo, który doskonale imituje kolor gumy i nie ma potrzeby malowania bandaży innym kolorem.

I've planned to paint the model with a hairspray technique, which – generally speaking – involves rubbing off the paint layer so the previous colours peel from underneath. Therefore, it is necessary to make the so-called base. In this case, I've used two rusty tones from the AMMO palette: Old and Medium Rust. I've secured the colour with a transparent varnish.

Model planowałem pomalować techniką na lakier do włosów, która – najogólniej rzecz biorąc – polega na ścieraniu warstwy farby tak, by spod spodu wyzierały poprzednie kolory. Niezbędne jest więc wykonanie tak zwanej bazy. W tym przypadku użyłem dwóch rdzawych kolorów z palety AMMO: Old i Medium Rust. Kolor zabezpieczyłem lakierem bezbarwnym.

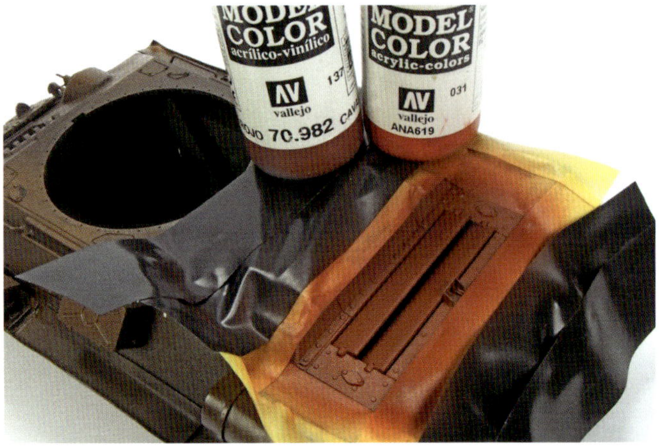

Next, I've painted the engine blinds. I've applied Chipping Effects in two thin layers on the masked compartment, and after drying, I've painted it with a red lead colour. After a while, I've "scratched" the rust using old, short-cut brushes, toothpicks and tweezers. I've secured the obtained effect with a transparent varnish.

Następnie pomalowałem żaluzje silnika. Na zamaskowany przedział naniosłem preparat Chipping Effects w dwóch cienkich warstwach, a po jego wyschnięciu pomalowałem przedział kolorem minii. Po chwili „wydrapywałem" kolor rdzy przy użyciu starych, krótko przyciętych pędzli, wykałaczek i ostrza pęsety. Uzyskany efekt zabezpieczyłem lakierem bezbarwnym.

Painting of the sand base colour was divided into two stages. First, I've applied the Chipping foundation to some of the wheels and the turret. After the medium has dried, I've painted them with the camouflage paint. Almost immediately, I've moistened the surface with water and with a stiff brush began to gently remove the sand paint, creating chips. I've used various brushes, tweezer, a toothpick and a metal brush, lightly hitting it on the plastic, creating micro-damages of the paint coat.

Malowanie na kolor piaskowy podzieliłem na dwa etapy. W pierwszej kolejności na część kół i wieżę naniosłem preparat do chippingu. Po wyschnięciu medium pomalowałem wymienione elementy kolorem bazowym kamuflażu. Niemal od razu zwilżyłem powierzchnię wodą i zacząłem delikatnie usuwać warstwę farby, tworząc odpryski. Używałem do tego różnych pędzli, ostrza pęsety, wykałaczki i szczotki do metalu, którą lekko uderzałem o plastik, tworząc mikroubytki powłoki malarskiej.

Same process went with the hull. After making the chips, I've secured the model with a transparent varnish and applied Chipping Effects again in two thin layers.

Na drugim etapie analogicznie postąpiłem z kadłubem. Po wykonaniu rdzawych odprysków model zabezpieczyłem lakierem bezbarwnym i ponownie naniosłem Chipping Effects w dwóch cienkich warstwach.

When the paint dried well after previous treatments, I've painted light green and red-brown camouflage stripes. I've added some sand base paint to the colours to integrate them. I've skipped the masking, because any mistakes could be easily removed with simple water. With the same tools as before, I've made a damage to the paint coating. Finally, I've secured the obtained effect again with a transparent varnish.

Gdy farba po poprzednich zabiegach dobrze wyschła, namalowałem pasy kamuflażu w kolorze jasnozielonym i czerwonobrązowym. Do farb dodawałem nieco piaskowej farby, z której stworzyłem bazę dla całego modelu. Ma to na celu pewne scalenie wszystkich kolorów. Nie stosowałem maskowania, ponieważ ewentualny „odkurz" farby mogłem po prostu zmyć wodą. Po wyschnięciu kamuflażu, tymi samymi narzędziami, co poprzednio, wykonałem uszkodzenia powłoki malarskiej. Uzyskany efekt ponownie zabezpieczyłem lakierem bezbarwnym.

I've started the waethering in a standard way – with wash. For that, I've used perfect Dark Brown Wash from Tamiya. After letting the liquid into various nooks, I've put the model aside to dry. In the meantime, I've painted spare track links on the front plate and exhaust pipes with acrylic paints. Then, I've removed the excess of wash with a cotton buds. In difficult places, I've used a brush moistened in White Spirit.

Waethering rozpocząłem standardowo, czyli od washa. Użyłem doskonałego Dark Brown Wash firmy Tamiya. Po zapuszczeniu płynu w różne zakamarki odstawiłem model do wyschnięcia. W międzyczasie pomalowałem farbami akrylowymi zapasowe ogniwa gąsienic na płycie czołowej oraz rury wydechowe. Następnie usunąłem nadmiar washa patyczkami higienicznymi, a w miejscach trudno dostępnych pędzlem zwilżonym w White Spiricie.

Lights and shadows of the surface were made with oil paints. Base was now prepared for some dirt. I've used excellent Oilbrusher paints for this purpose. I've applied the paint to the model, then gave it a moment to dry, and rubbed the surface using cotton buds and dry brushes. Only in the nooks I've used a brush moistened in thinner.

Farbami olejnymi wykonałem rozjaśnienia i cienie na powierzchni modelu oraz przygotowałem bazę pod zabrudzenia. Użyłem doskonałych do tego celu farb z serii Oilbrusher. Farbę nanosiłem na model, po czym dawałem jej chwilę do wyschnięcia i rozcierałem, używając patyczków higienicznych i suchych pędzli. Tylko w zakamarkach użyłem pędzla zwilżonego w rozcieńczalniku.

Most of the scratches were made with a hairspray technique, but some of them were recreated with a classic sponge and a brush. I've used a lightened base colour (1:3), Chipping and 4BO paint, brightened with white, because every T-34 was painted green at factory.

Większość obić wykonałem na etapie prac z lakierem do włosów, jednak część z nich odtworzyłem klasyczną techniką, malując je gąbką i pędzelkiem. Użyłem mocno rozjaśnionego bielą koloru bazowego (1:3), koloru Chipping oraz 4BO, bo T-34 na pewno kiedyś był pomalowany na zielono.

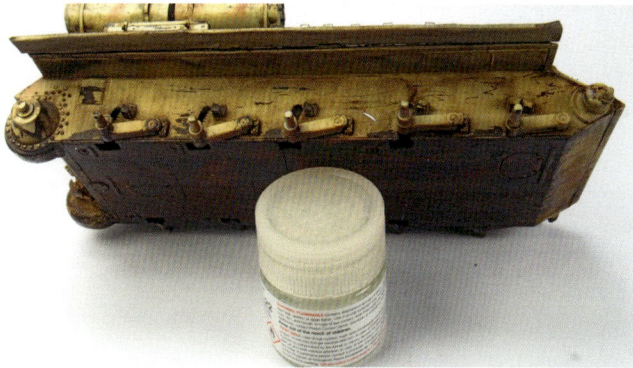

I've started dirtying the chassis by applying Fresh Mud enamel to the bottom of the hull and fenders. I've immediately washed away the excess of the mixture with White Spirit. In this way, I've obtained a base for pigments.

Brudzenie podwozia rozpocząłem od naniesienia olejnego specyfiku Fresh Mud na spód wanny kadłuba i błotniki. Nadmiar mikstury od razu zmyłem White Spiritem. Uzyskałem w ten sposób bazę pod pigmenty.

Then, I've made a mixture from North Africa Dust pigment, Africa Dust Effects specific and a little bit of White Spirit. Then, I've applied it to the model's chassis and left for drying. This process can be accelerated with a hair dryer.

Następnie z pigmentu North Africa Dust, specyfiku Africa Dust Effects oraz odrobiny White Spiritu wykonałem miksturę, którą naniosłem na podwozie modelu i pozostawiłem do wyschnięcia. Proces ten można przyspieszyć suszarką do włosów.

After drying, I've removed the excess of the pigments with a stiff brush.

Po wyschnięciu usunąłem nadmiar pigmentów za pomocą sztywnego pędzla.

I've refined the effect with other oil paints.

Efekt dopracowałem innymi farbami olejnymi.

Once again, I've applied two thin layers of Chipping medium to the model.

Na model ponownie naniosłem dwie cienkie warstwy medium do tworzenia zdrapek.

Then, I've sprayed the model with North Africa Dust oil mist mixed with turpentine. It looks dull, but don't worry!

Następnie na model naniosłem aerografem mgiełkę olejnego North Africa Dust zmieszanego z terpentyną. Wygląda to nieciekawie, ale bez obaw!

After few minutes, I've washed away most of the product with a wide brush moistened in water. Mixture remains only in the nooks.

Po kilku minutach zmyłem większość specyfiku szerokim pędzlem zwilżonym w wodzie. Płyn pozostał tylko w zakamarkach.

Now it's time for pigments. The dark powders went to all the nooks, while the lighter ones were set on more exposed places.

Na model naniosłem pigmenty. Ciemniejsze trafiły w zakamarki i na silnik, zaś jaśniejsze w bardziej eksponowane miejsca.

I've firmly fixed the pigments with White Spirit drops set on with a pipette.

Pigmenty delikatnie utrwaliłem White Spiritem, który zakrapiałem za pomocą pipety.

After drying, I've removed the excess of the powders with a makeup sponge.

Po wyschnięciu nadmiar proszków usunąłem gąbką do makijażu.

On the fenders, I've applied a real soil from a deep excavation and fixed it with Gravel & Sand glue. After drying, I've refined it with oil paints and dry pigments.

Na błotniki naniosłem ziemię z głębokiego wykopu i utrwaliłem ją klejem Gravel & Sand. Po wyschnięciu całość dopracowałem farbami olejnymi i pigmentami.

I've made rust traces with a wash. Too intense streaks were gently washed away with White Spirit.

Ślady rdzy wykonałem rdzawym washem. Tam gdzie uznałem, że są zbyt intensywne, rozmywałem je delikatnie White Spiritem.

Finally, I've made fuel and oil stains with Fresh Engine Oil and Dark Earth pigment. In a few places, I've used the method of snapping the paint directly from the brush. Small and irregular spots were made with Fresh Engine Oil diluted with White Spirit.

Na koniec wykonałem plamy po paliwie i oleju. Użyłem specyfiku Fresh Engine Oil oraz pigmentu Dark Earth. W kilku miejscach zastosowałem metodę pstrykania farbą wprost z włosia pędzla. Dodatkowo rozcieńczałem wówczas Fresh Engine Oil w White Spiricie. Powstały w ten sposób małe i nieregularne plamki.

Metal tracks were degreased in kitchen vinegar, and then blackened with the specially created Burnishing Fluid from the Ammo Mig's offer.
Metalowe gąsienice odtłuściłem w kuchennym occie, a następnie poczerniłem specjalnie stworzonym do tego celu płynem Burnishing Fluid z oferty Ammo Mig.

Then tracks received a solid portion of Track wash.
Następnie gąsienice otrzymały solidną porcję Track washa.

Time for pigments. After gathering a portion of the powder with an old brush, I've knocked it off by gently tapping the brush handle with my finger. I've fixed the pigments with North Africa Dust mixed with White Spirit. Finally, the edges exposed to abrasions were wiped with a cotton swab and fingers sprinkled with Dark Steel pigment.

Pora na pigmenty. Po nabraniu starym pędzlem porcji proszku strącałem go, delikatnie stukając w trzonek pędzla palcem. Pigmenty utrwaliłem North Africa Dust zmieszanym z White Spiritem. Na koniec krawędzie narażone na ścieranie przetarłem wacikiem kosmetycznym i palcami przyprószonymi pigmentem Dark Steel.

The tank was assembled, so time for the final effects has come. First the wet spots. I've applied the diluted mix of Wet Effect, Fresh Engine Oil and White Spirit on the turret.

Czołg był zmontowany, czas zatem na efekty końcowe. Jednym z nich były mokre plamy. Rozcieńczoną mieszankę Wet Effect, Fresh Engine Oil i White Spirita naniosłem na wieżę.

The next step were oily patches behind the exhausts. I've made them by gently spraying a mixture of Humbrol 33 and 29 and a gloss varnish.

Kolejnym krokiem były oleiste plamy za rurami wydechowymi. Wykonałem je, natryskując delikatnie aerografem mieszankę Humbrola 33 i 29 oraz błyszczącego lakieru.

I've made metallic abrasions with an 8B pencil and Gun Metal pigment, which was applied with a rubber applicator.

Metaliczne przetarcia wykonałem ołówkiem 8B oraz pigmentem Gun Metal, który nanosiłem gumowym aplikatorem.

Still, I had to paint the periscopes. First, I've painted the visors silver, and after drying, I've applied two layers of Crystal Periscope Green to their surface.

Zostało jeszcze pomalowanie peryskopów. Najpierw pomalowałem wizjery na kolor srebrny, a po wyschnięciu naniosłem na ich powierzchnię dwie warstwy Crystal Periscope Green.

The base was made of ordinary polystyrene foam cut to 165 × 215mm rectangle and covered with 3mm thick balsa boards. I've glued the balsa and polystyrene foam with a polymer adhesive, while the corners were connected by CA glue.

Baza podstawki to zwykły styropian przycięty na wymiar 165 × 215 mm i oklejony deseczkami z balsy o grubości 3 mm. Balsę łączyłem ze styropianem uniwersalnym klejem polimerowym, zaś narożniki klejem CA.

Then, I've sanded the base with a sandpaper, then shaped the terrain with a scraps of appropriately cut polystyrene foam, which I've profiled with a knife and a steel brush.

Podstawkę przeszlifowałem następnie papierem ściernym, wymodelowałem teren skrawkami odpowiednio przyciętego styropianu, który wyprofilowałem nożem i szczotką stalową.

I've applied a thin layer of gypsum plaster to the base and pre-shaped the area. I've coloured the balsa with bate and before it dried, I've wiped off the excess with a cloth moistened in hydrogen peroxide, which emphasizes the wood grain. After drying, I've protected the bate with colouring wax. I've placed the model in its place, and thanks to the movable suspension there was no problem with "levitating" wheels. When the mass dried up a bit, I've made the track marks on the ground using old vinyl tracks from another T-34/85.

Na podstawkę naniosłem cienką warstwę tynku gipsowego i wstępnie ukształtowałem teren. Balsę zabarwiłem bejcą i zanim wyschła, starłem nadmiar szmatką zwilżoną w wodzie utlenionej, co podkreśla rysunek drewna. Po wyschnięciu zabezpieczyłem bejcę woskiem koloryzującym. Model ustawiłem na swoim miejscu, a dzięki ruchomemu zawieszeniu nie było problemu z „lewitującymi" kołami. Gdy masa trochę podeschła, starymi winylowymi gąsienicami do T-34/85 odcisnąłem ślady na gruncie.

With an old brush, I've applied the Sandy Desert mass (AK8022) on the prepared surface.

Na tak przygotowaną powierzchnię naniosłem starym pędzlem masę do dioram w kolorze pustynnym (Sandy Desert AK8022).

After the mass dried, I've adjusted the tracks to the stand. Area around the tracks was covered with a sand for chinchillas. I've formed the sand gently with a brush and immediately fixed with white glue for wood.

Po wyschnięciu masy dopasowałem gąsienice do podstawki. Okolice gąsienic obsypałem piaskiem dla szynszyli. Piasek uformowałem delikatnie pędzlem i od razu utrwaliłem rozwodnionym klejem stolarskim typu Wikol.

The stand received a Humbrol 93 and 63 enamel filter diluted with White Spirit. In addition, with several other oil paints, I've accented the stones and refined the ground in general, and then merged the model with it. Finally, I've matted the whole ground it with an excellent AK-Interactive's Ultra Matte varnish.

Podstawka otrzymała filtr z emalii Humbrol 93 oraz 63 rozcieńczonych White Spiritem. Dodatkowo kilkoma innymi farbami olejnymi zaakcentowałem kamienie oraz ogólnie dopracowaniem grunt i scaliłem z nim model. Na koniec całość zmatowiłem doskonałym lakierem matowym Ultra Matte firmy AK-Interactive.

After making the last few corrections and adding a few packages on the tank, I've could consider the scene ready.

Po wykonaniu kilku ostatnich poprawek i dodaniu paru pakunków na czołg dioramę mogłem uznać za gotową.

T-34 in a small scale

Mariusz Łukasik

Virtually all producers of the 1/72 AFV have somehow attempted to recreate this well-known tank in a small scale. The offer of many companies, especially the smaller ones, also includes various types of hybrids created on the T-34 chassis. This is not about a series of self-propelled guns, such as SU-85 or SU-100, produced in large quantities, but various types of repair vehicles, field tractors, improvised self-propelled guns constructed by later, post-war users, as well as experimental, self-propelled anti-aircraft guns or even railroad platforms with tank's turret.

The modeller therefore faces a dilemma: what should I buy? As you know, there are no perfect sets. Each one has some drawbacks and varying degrees of complexity, so there are no ready prescriptions for everyone. That is why this list can be helpful when making decisions. It presents all known models produced in 1/72 scale and close to it 1/76 scale. The text uses the names used by individual manufacturers for different types and varieties of T-34. This is not entirely correct nomenclature, but recalling it will help you search for a specific set. All kinds of accessories for the little T-34 will also be described.

The T-34 tank was manufactured by several production plants throughout the entire period of World War II, as well as after its end. It was subjected to constant modifications resulting from the dynamics of the development of armoured weapons at that time and a continuous race in which eternal rivals – armour and cannon – participated. This resulted in

Praktycznie wszyscy producenci pancerki w podział-ce 1/72 w jakiś sposób podjęli się próby odtworzenia w małej skali tego znanego czołgu. W ofercie wielu firm, zwłaszcza tych mniejszych, znajdują się także różnego rodzaju hybrydy powstałe na podwoziu T-34. Nie chodzi tu o serie samobieżnych dział, takich jak SU-85 czy SU-100, produkowanych w dużej ilości, ale różnego rodzaju pojazdy remontowe, ciągniki polowe, improwizowane działa samo-bieżne konstruowane przez późniejszych, powojennych użytkowników, a także eksperymentalne, samobieżne dzia-ła przeciwlotnicze lub nawet platformy kolejowe wykorzy-stujące wieże czołgowe.

Modelarz staje zatem przed dylematem: co kupić? Jak wiadomo, idealnych zestawów nie ma. Każdy ma jakieś mankamenty i różny stopień skomplikowania, więc nie ma gotowych recept dla wszystkich. Właśnie dlatego niniejsze zestawienie może okazać się pomocne przy podejmowaniu decyzji. Przedstawiono w nim wszystkie znane modele pro-dukowane w podziałce 1/72 i bliskiej jej skali 1/76. W tekście zastosowano nazewnictwo stosowane przez poszczególnych producentów wobec różnych typów i odmian T-34. Nie jest to do końca prawidłowa nomenklatura, ale przywołanie jej ułatwi poszukiwanie określonego zestawu. Opisane zostaną również wszelkiego rodzaju dodatki do małego „teciaka".

a large number of varieties and variants of this vehicle. It was also transferred into a scale modelling offer. The most extensive offer on the subject of T-34 is presented by the Ukrainian Uni Models, in which we will find 20 different sets of this tank in 1/72 scale. These are very good kits, with lots of details and well-mapped tracks from individual links. Often, small PE sheets are added. The wheels have rubber bandages on, which may not suit everyone, but it makes painting these elements much easier. The quality of the sprues is high, as well as the details reproduction, and the degree of complexity acceptable for the intermediate "gluer". The only drawback are not the highest quality decals and a bit brittle plastic. However, this does not diminish the high rating of these sets, the more that the prices of these models are also very friendly for our wallets.

Dragon is another producer on the list. Although in catalogues we can find even more items than in the case of Uni Models, some of them are only other painting variants or subsequent re-editions of the same moldings under other catalogue numbers, which significantly reduces the range of available options. Dragon models are relatively expensive and many of them are no longer available on the market. They are also very good sets with beautifully reproduced and great matching details. Unfortunately, the score is slightly reduced by tracks in the form of rubber bands, which, despite the precise casting, are difficult to fit. In addition, the wheels have only marked relief holes, which requires about 300 holes to be made. Despite this, Dragon gets a high note for its product.

Eastern Express also has several T-34 models in its offer. These are models with plastic link tracks, with a high quality details and good fitting, as well as the correct dimensions. The mouldings were modularly designed for several versions, so some of the details go to the spare parts magazine. According to the catalogue, we get both, the T-34 with a 76 mm cannon and 85 mm cannon, both of which also come

Czołg T-34 wytwarzany był przez kilka zakładów produkcyjnych przez cały okres II wojny światowej, a także po jej zakończeniu. Był poddawany ciągłym modyfikacjom wynikającym z dynamiki rozwoju broni pancernej w tym czasie i ciągłemu wyścigowi, w jakim uczestniczyli odwieczni rywale – pancerz i armata. Zaowocowało to dużą ilością odmian i wariantów tego pojazdu. Przełożyło się to także na ofertę modelarską. Najbogatszą ofertę w temacie T-34 prezentuje ukraiński Uni Models, u którego znajdziemy 20 różnych wcieleń tego czołgu w skali 1/72. Są to bardzo dobre zestawy, z dużą ilością detali i z dobrze odwzorowanymi gąsienicami z pojedynczych ogniw. Często dodane są również małe blaszki fototrawione. Koła mają zakładane gumowe bandaże, co nie wszystkim musi odpowiadać, ale znacząco ułatwia malowanie tych elementów. Jakość wyprasek jest wysoka, wierność odwzorowania także, a stopień skomplikowania do przyjęcia dla średnio zaawansowanego „sklejacza". Jedynym minusem są nie najwyższej jakości kalkomanie i nieco kruchy plastik. Nie umniejsza to jednak wysokiej oceny tych zestawów, tym bardziej że ceny tych modeli także są bardzo przyjazne dla naszych portfeli.

Kolejnym producentem w zestawieniu jest Dragon. Mimo że w katalogach możemy znaleźć nawet więcej pozycji niż w przypadku Uni Models, to część z nich stanowią tylko inne warianty malowania lub kolejne reedycje tych samych wyprasek pod innymi numerami katalogowymi, co znacząco zmniejsza wachlarz dostępnych opcji. Modele Dragona są stosunkowo drogie i wiele z nich już jest nie do dostania na rynku. Są to także bardzo dobre zestawy z pięknie odwzorowanymi i świetnie pasującymi do siebie detalami. Niestety notę obniżają im nieco gąsienice w postaci gumowych taśm, które pomimo precyzyjnego odlewu są kłopotliwe w montażu. Poza tym koła mają tylko zaznaczone otwory ulgowe, co wymaga wykonania około 300 odwiertów. Mimo to Dragon dostaje wysoką notę za swój wyrób.

in attractive versions with a flame thrower or similarly equipped with a PT-3 mine minesweeper. Especially the latter position is unique on the market and worth acquiring.

Cooperation with Eastern Express is based on the offer of the AER Moldova company proposing T-34/85 in versions with and without trawl. The quality of the parts, however, is worse in terms of the cast itself and the quality of the plastic. This applies mainly to frames containing turret details. The 85 mm cannon barrel is also heavily scaled up, rather resembling a 100 mm caliber. Road wheels, unfortunately, also require pre-drilling at the relief holes. Despite the declared cooperation, they are not the same sprues as in Eastern Express. Model is addressed rather to brave and hardworking modellers.

Russian Zvezda also manufactures both versions of the T-34 in a convention that does not require gluing. Despite the apparent simplification necessary for such assembly technology, the models present a very high level. They have well-mapped details, dimensional correctness, great detail and easy fitting. Plastic tracks, although made as one piece, thanks to the ingenious locking system on the wheels, look good on the finished model. A big advantage is also the relatively low price and availability in many stores. These are sets for both beginners and advanced modellers.

Kilka modeli T-34 ma także w swojej ofercie firma Eastern Express. Są to modele z ogniwkowymi plastikowymi gąsienicami, z dużym stopniem zdetalowania i o dobrej składalności, a także poprawne wymiarowo. Wypraski zaprojektowano modułowo dla kilku wersji, więc część detali trafia do magazynku zapasowych części. Dostajemy według katalogu zarówno T-34 z armatą kal. 76 mm, jak i 85 mm, przy czym obydwa także w atrakcyjnych wersjach z miotaczem płomieni lub analogicznie wyposażone w trał przeciwminowy PT-3. Zwłaszcza ta ostatnia pozycja jest wyjątkowa na rynku i warta pozyskania.

Na kooperacji z Eastern Express oparta jest oferta firmy AER Moldova proponująca T-34/85 zarówno w wersjach z trałem, jak i bez. Jakość samych wyprasek jest jednak gorsza pod względem samego odlewu, jak i jakości plastiku. Dotyczy to przede wszystkim ramek zawierających detale wieży. Mocno przeskalowana jest także lufa armaty 85 mm, odwzorowująca raczej kaliber 100 mm. Koła nośne niestety również wymagają nawiercania w miejscach otworów ulgowych. Mimo deklarowanej współpracy nie są to te same wypraski co w Eastern Express. Modele kierowane raczej do odważnych i pracowitych modelarzy.

Obie wersje „teciaka" produkuje także rosyjska Zvezda w konwencji zestawów niewymagających klejenia. Pomimo pozornego uproszczenia niezbędnego do takiej techno-

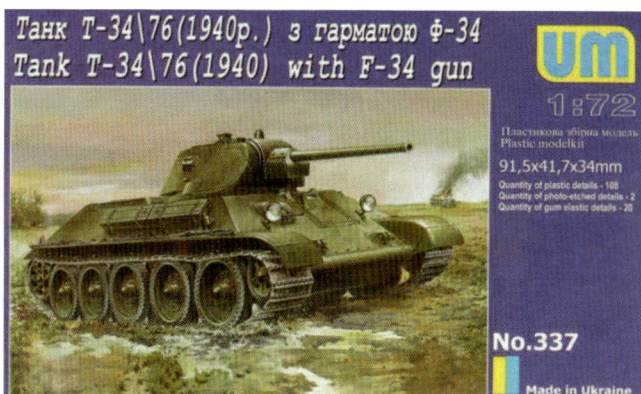

ARMOURFAST

T34/85

No. 99009
1/72
2 ×

The Revell company offers us a T-34 with a 85 mm or 76 mm gun. The first model is very good, has separate links tracks, well mapped details, and it is easy and friendly to build. Good decals and dimensional correctness are also an advantage. Revell produced it under two different catalogue

logii montażu, modele prezentują bardzo wysoki poziom. Mają świetnie odwzorowane detale, wierność wymiarową, duże uszczegółowienie i łatwość składania. Plastikowe gąsienice, choć wykonano je jako jeden element, dzięki pomysłowemu systemowi zamykania ich na kołach, dobrze wyglądają na gotowym modelu. Dużym atutem jest także stosunkowo niska cena i dostępność w ofercie wielu skle-

numbers, but it's the same good model. The same mouldings are also made by ACE Corporation under its name.

The earlier version with a 76 mm gun in the case of the German manufacturer is a re-release of the former Matchbox set containing also dioramas and a soldier figurine. The replica is in a 1/76 scale and is a variant for beginners who are looking for simplicity rather than perfection.

At online auctions you can still find old Revell's sets based on ESCI parts. Such a purchase is worth recommending, because despite the passage of time the models defend themselves with a good reproduction of details.

In addition to branding its own products, ESCI gave the most opportunities to repack its offer into boxes of such recognized companies as Hasegawa, Italeri, Polistil, Aurora, Gunze Sangyo or the mentioned Revell. ESCI was limited to the T-34 version with a 76 mm gun in two variants of the turret. In case of an Italeri branded reissue, with refreshed forms and added link tracks, the set can be rated as good.

Italeri also proposes wargaming kits containing two pieces of simplified tanks for strategic games, but they are unlikely to interest modellers. Similarly, the Pegasus Hobbies proposition is also addressed to this sector of recipients.

The Chinese Trumpeter offers the T-34 in both types of armaments and in two versions of the chassis for each of them (with solid wheels and with holes). Unfortunately, it offers poor quality and difficult to install rubber tracks. The models are somewhat simplified, though buildable, but they do not deserve too high rating.

It is worth mentioning Armourfast products, which are also intended for games rather than for modelling competitions.

Also the English Airfix has the T-34 set in the catalogue, both in the 76 and 85 mm version. How is this possible? Airfix places on the mouldings both types of turrets that can be used interchangeably, the rest is basically the same according to the manufacturer. The model is very simplified, has hopeless rubber tracks imitations and does not deserve much attention.

pów. Są to zestawy zarówno dla początkujących, jak i zaawansowanych modelarzy.

Firma Revell oferuje nam T-34 z działem 85 mm lub 76 mm. Pierwszy model jest bardzo dobry, ma ogniwkowe gąsienice, świetnie odwzorowane detale, jest łatwy i przyjazny w montażu. Zaletą są też dobre kalkomanie i poprawność wymiarowa. Revell produkował go pod dwoma różnymi numerami katalogowymi, ale to ten sam dobry model. Te same wypraski konfekcjonuje też pod swoim szyldem firma ACE Corporation.

Wcześniejsza wersja z armatą 76 mm w przypadku niemieckiego producenta to przepak dawnego zestawu firmy Matchbox zawierający też elementy dioramy i figurkę piechura. Replika jest w skali 1/76 i jest to raczej wariant dla początkujących, którzy szukają bardziej prostoty niż doskonałości.

Na aukcjach internetowych można jeszcze znaleźć stare zestawy Revella oparte na wypraskach ESCI. Taki zakup jest godny polecenia, gdyż mimo upływu czasu modele bronią się niezłym zdetalowaniem i odwzorowaniem szczegółów.

Firma ESCI oprócz firmowania własnych wyrobów dała najwięcej możliwości przepakowywania swojej oferty w pudełka tak uznanych firm, jak Hasegawa, Italeri, Polistil, Aurora, Gunze Sangyo czy też wspomniany Revell. ESCI ograniczyło się do wersji T-34 z armatą 76 mm w dwóch wariantach wież. W przypadku przepaku firmowanego przez Italeri, które odświeżyło formy i dodało ogniwkowe gąsienice, zestaw można ocenić jako dobry.

Italeri proponuje też zestawy wargamingowe zawierające po dwie sztuki uproszczonych czołgów do gier strategicznych, ale raczej nie wzbudzają one zainteresowania modelarzy. Podobnie zresztą dzieje się z propozycją firmy Pegasus Hobbies, też skierowaną do tego sektora odbiorców.

Chiński Trumpeter ma w swojej ofercie T-34 w obydwu odmianach uzbrojenia i w dwóch wersjach podwozia dla każdej z nich (z kołami pełnymi i z otworami). Niestety proponuje słabej jakości i trudne w montażu gumowe gąsienice. Modele są nieco uproszczone, choć składalne, ale raczej nie zasługują na zbyt wysoką ocenę.

In addition to plastic sets, the 5M Hobby company has a rich resin conversions offer, where you can find quite exotic variants of using T-34 components on railway platforms or in anti-aircraft sets.

Exotic sets, such as the Modelist T-34/85 with the Italeri logo, Toga's T-34/85 set, Cpl Overby Motor Pool models or a Platz product are still available on the market, or have recently been.

Finally, we list all sets that were found during the development of this material. The catalogue numbers are given in brackets.

Warto wymienić jeszcze produkty firmy Armourfast, które też przeznaczone są bardziej do gier niż do konkursów modelarskich.

Także angielski Airfix ma w katalogu zestaw T-34, zarówno w wersji z armatą 76, jak i 85 mm. Jak to możliwe? Airfix zamieszcza na wypraskach oba typy wież, które możemy zastosować zamiennie, reszta jest w zasadzie według producenta taka sama. Model jest bardzo uproszczony, ma beznadziejne gumowe imitacje gąsienic i nie zasługuje na większą uwagę.

Poza plastikowymi zestawami ofertę żywicznych konwersji ma firma 5M Hobby, gdzie można znaleźć dosyć egzotyczne warianty użycia podzespołów T-34 na platformach kolejowych bądź w zestawach przeciwlotniczych.

Na rynku są jeszcze dostępne, lub niedawno były, egzotyczne zestawy, na przykład T-34/85 firmy Modelist z logiem Italeri, zestaw T-34/85 firmy Toga, modele Cpl Overby Motor Pool czy produkt firmy Platz.

Na koniec zamieszczamy spis wszystkich zestawów, które udało się znaleźć w trakcie opracowywania materiału. W nawiasach podano ich numery katalogowe.

List of sets/Spis zestawów

5M Hobby T-34 Hull Soviet Panzerjagerwagen (72003)	ESCI-ERTL T-34/76 mod 1942 (8334)
5M Hobby T-34 mit D-11 howitzer turret (72009)	ESCI-ERTL T-34/76 mod 1943 (8335)
5M Hobby T-34 Hull German Panzerjagerwagen (72016)	Hasegawa T-34/76 mod 1942 (MB-143)
5M Hobby T-34(r) Flakpanzer mit 2cm Flakvierling 38 (72023)	Hasegawa T-34/76 mod 1943 (MB-144)
5M Hobby T-34 with 2x 45mm and 1x 76mm gun (72028)	Italeri T-34/76 mod 1942 (7008)
5M Hobby T-34 with U11 howitzer turret (72034)	Matchbox T-34 (YM076)
ACE T-34/85 (3330)	Modelist T-34/85 (307223)
AER Moldova T-34/85	Pegasus Hobbies T-34/76 (7661)
AER Moldova T-34/85 PT-34 Mine Sweeper (7208)	Pegasus Hobbies T-34/85 (7662)
Airfix T-34 tank	Polistil T-34/85 (KB1)
Airfix T-34/85 (A01316)	Revell Esci T-34/76 Kampfwagen
Armo T-34/85 model 1944 (72521)	Revell Esci T-34/76B Kampfwagen
Armo T-34/85 Recovery Vehicle (72077)	Revell T-34/85 (03130)
Armourfast T-34/76 mod 1943 no (99022)	Revell T-34/85 (03302)
Armourfast T-34/76 no (99005)	Revell T-34/76 mod 1940 (03212)
Armourfast T-34/85 no (99009)	Revell-ESCI T-34/76B (H2332)
Aurora Esci T-34/76	Toga T-34/85 (251)
BUM T-34 SAU-122	Trumpeter T-34/85 (07167)
Cpl Overby Motor Pool T-34 STZ	Trumpeter T-34/76 mod 1942 (07206)
Cpl Overby Motor Pool T-34/76 mod 1940	Trumpeter T-34/85 mod 1944 (07207)
Dragon T-34/76 mod 1942 w cast turret (7224)	Trumpeter T-34/76 mod 1943 (07208)
Dragon T-34/76 mod 1940 Eastern Frontt (7258)	Trumpeter T-34/85 mod 1944 (07209)
Dragon T-34/76 mod 1941 (7259)	UM T-34/76 mod 1940 trofiejny (251)
Dragon T-34/76 mod 1941 cast turret (7262)	UM T-34 with KwK36L-36 gun (252)
Dragon T-34/76 mod 1942 (7266)	UM T-34/76 mod 1942 trofiejny (253)
Dragon T-34/76 mod 1942 German Army (7268)	UM T-34/76 mod 1942 w cast turret (325)
Dragon T-34/85 mod 1944 late (7270)	UM T-34/76 mod 1943 w cast turret (326)
Dragon T-34/76 mod 1943 (7277)	UM T-34/85 w D-5T gun (327)
Dragon T-34/85 mod 1944 (7269)	UM T-34/85 mod 1942 w S-53 gun (328)
Dragon T-34/76 mod 1942 German Army w Panzer III cupola (73168)	UM T-34/76 mod 1941 (329)
Dragon T-34/85 mod 1944 (7556)	UM T-34/76 mod 1942 w formed turret (330)
Dragon T-34/85 Panzerkampfwagen (7564)	UM OT-34/76 Flamethrower (331)
Eastern Express T-34/76 mod 1942 (72050)	UM T-34/76 mod 1940 w L-11 gun (336)
Eastern Express T-34/76 mod 1943 (72051)	UM T-34/76 mod 1940 w F-34 gun (337)
Eastern Express OT-34/76 (72052)	UM T-34/76 ekranowany (368)
Eastern Express T-34/76 w mineroller PT-3 (72053)	UM T-34-57 w ZIS-4M gun (369)
Eastern Express T-34/85 w D-5T gun (72054)	UM T-34 tractor (389)
Eastern Express T-34/85 mod 1944 (72055)	UM T-34 retriever with Su/76 (397)
Eastern Express OT-34/85 (72057)	UM T-34 w U-11 howitzer (440)
Eastern Express T-34/85 w mineroller PT-3 (72058)	UM T-34 Flame thrower FOG-1 (441)
ESCI T-34/76 1942 model (8032)	UM T-34-3 gun (444)
ESCI T-34/76 mod 1942 (8032)	UM T-34w D-11 gun (442)
ESCI T-34/76 mod 1943 russian (8047)	Zvezda T-34/76 mod 1943 (5001)
	Zvezda T-34/85 (5039)

T-34/85 "242", serial nr 412693, manufactured at Factory No. 183, from the 2nd Motorcycle Battalion, 1st Polish Armored Corps. Lublin, summer 1945.

T-34/85 nr 242 (nr ser. 412693) wyprodukowany w fabryce nr 183 z 2. Batalionu Motocyklowego z 1. Korpusu Pancernego, Lublin, lato 1945 r.

T-34/85 "12" with a D5T gun, manufactured at Factory No.112. Ukraine, summer 1944.

T-34/85 z fabryki nr 112 z armatą D5T. Ukraina, lato 1944 r.

T-34/85 "24" with a D5T gun manufactured at Factory 112. Eastern Front, summer 1944.

T-34/85 z fabryki nr 112 z armatą D5T nr 24 UFA, front wschodni, lato 1944 r.

T-34/85 "262" made at Factory No. 112. The vehicle features an S53 gun mounted in an older-type turret. Ukraine, spring 1944.

T-34/85 nr 262 z fabryki nr 112 z armatą S53. Wieża jeszcze starego typu (tzw. uszanka). Ukraina, wiosna 1944 r.

This early production T-34/76 with F-34 gun was repainted Dunkelgrau RAL 7021 and used by Waffen-SS. An additional storage box was fitted to the left side of the hull.

T-34/76 z armatą F-34 wczesnych serii produkcyjnych przemalowany na Dunkelgrau RAL 7021. Na lewym boku zamontowana dodatkowa skrzynia. Czołg wykorzystywany przez Waffen-SS.

T-34/76 with L-11 gun captured and used by Wehrmacht. It remained in its original camouflage scheme of overall 4BO dark green.

T-34/76 z armatą L-11 zdobyty i używany przez Wehrmacht w oryginalnym kamuflażu. Cały pojazd pokryty ciemnozieloną farbą 4BO.